30分でわかる!

教師のための
叱る技術

Technique of Scolding for Teachers

上條晴夫
Haruo Kamijo

学陽書房

本書は単行本『叱る技術―騒がしい教室を変える40の方法』を大幅に加筆・修正し、新書化したものです。

まえがき

本書は「騒々しい教室を変える」ことをテーマにしています。「学級崩壊」の現れである「騒々しい教室」について、その具体的な方策を書いています。

まず考えられるのが毅然とした態度で叱る技術です。最低限のルールについて、その善し悪しを明示して、断固として叱る、そんな叱り方です。毅然たる態度の叱る技術は、現在でも、教室の秩序維持に貢献しています。そのポイントを書きます。

ただし、本書は叱る技術だけが「騒々しい教室」の方策であるとは考えません。「騒々しい教室」を乗り越えるには叱る技術以外にもいろいろな考え方や方法があるはずだという立場をとります。

たとえば、教室の空気を変える方法です。子どもたちがザワザワし始めた教室で教師が面白い学習クイズをしてみたり、静かな音楽をかけてみたりと、教室のザワザワを学習へ向けた集中へと導く空気づくりをすることは十分に可能です。

さらに騒々しさの中で学ぶ方法です。従来の「静かに」「座って」を前提にしていた学びのスタイルを「明るく」「体験的に」を前提にした学び合いに変えるのです。いわゆる「アクティブ・ラーニング」と呼ばれる学習法です。

つまり本書は「騒々しい教室」を学びのある教室に変えるための方策を「叱る」に限定せず様々な角度から考えています。

本書が現場で苦闘を続ける先生方のお役に立てば幸いです。

二〇一五年一〇月

上條　晴夫

目次

Chapter 1

叱る技術

プロローグ

前提の話

騒がしい教室が増えている

かなり以前から学級崩壊は問題にされていますが、いまもなお問題は解決されず、むしろ日常化しています。

学級崩壊の特徴は大きく二つです。

① **私語（おしゃべり）**

② **離席（立ち歩き）**

二つの現象は別々のことのようですが、いずれも学校・学級内のコミュニケーションに関わる問題です。私語は教師の話よりも私的なコミュニケーションを重視する行動ですし、離席は座席から少し離れた友だちとコミュニケーションをとろうとする行動です。

学級崩壊について現場の先生にいろいろ話を聞きました。

その一つに次のような質問がありました。

「授業が始まるときに騒がしい場合どうしますか？」

ベテラン教師は「静かにさせる」と言いました。

「子どもが浮わついてザワザワするときがあります。そういうときは黙って待ちます。それでも静かにならないときは一喝します」

若手教師たちは「授業を始める」と言いました。

「たいてい子どもたちはザワザワとしています。もしも子どもたちが静かになるのを待っていたら授業がまったくできません」

当時はまだベテランと若手に学級崩壊に対して認識の差がありました。

しかしいま、騒がしい教室の増加は周知の事実となっています。

騒がしい教室を叱るには

学級崩壊が知られ始めたとき、教師はとまどっていました。子どもたちのザワザワは当然よくない現象でしたが、たまたま行儀のよくない子どもに当たったという感覚が強かったからです。

何とか子どもたちを変えようとして四苦八苦していました。教室に何が起きたのかが十分につかめないでいました。

しかし最近になって対応が変わってきました。子どもたちの変化がたまたまでないとわかったからです。それまでの教師の常套句だった「みんな仲良く」と「ダメなものはダメ」の二つだけでは収まらないとわかってきたからです。

もう少し別の対応策が必要になってきました。その一つが「毅然とした態度」です。

規範を明示して叱る指導法です。

この「叱る指導法」は効果があります。

① **最低限のルールについて、**
② **その善し悪しを明示し、**
③ **断固として叱る。**

この方法が少しずつ広がり始めました。

しかし、この方法には限定条件がつきます。教師の言葉に「説得力」があるという限定条件です。

たとえば、ザワザワしている子どもたちに「静かにしなさい」と何度もくり返しますが、「なぜ静かにする必要があるか」を子どもたちが納得できるように説明できる教師は案外少ないです。

そういう言葉の力の弱い教師が、いくら「毅然とした態度」で子どもたちを叱っても、逆効果になることが多いのです。

教室の空気を変える対処の仕方もある

教室が騒がしいときに空気を変える方法もあります。

たとえば、子どもたちのザワザワに対して、子どもたちが楽しくなるような「つかみネタ」をぶつけてみるとか、ちょっと変わった音楽をいきなり流してみるとか、というようなことです。叱るのとは別な方法から授業に入ることもできるのです。

私語への対処法を整理すると三つあります。

① 私語を叱ってやめさせる
② 私語の中で何かを始める
③ 私語のできる学びをする

従来の考えからすると、子どもたちがよくない「おしゃべり」をしているのだから、断固として叱り、やめさせた後、本来行う予定だった勉強を粛々と開始すべきです。

これがもっとも順当な考え方です。

しかし私語がなかなかやまない状況でも、ザワザワから集中へと空気を変える手立てやアイデアはいろいろあります。

それが先のつかみネタや音楽です。

よくない子どものおしゃべりと対決をせず、空気を変えることで、それを解決しようとするのは、従来の考えからすると、ちょっと潔くない気もします。しかし、空気を変えることで子どもたちの学びをつくれるのであれば、それはそれでよいとも考えられます。

空気を変える方法は、ある種の発想の転換です。

発想を転換して、「空気を変える」ための方法を考えてみると、「厳しく叱る」以外の、いろいろなアイデアが見えてきます。

厳しく叱らなくても現状を変えることができます。

これはこれで現状打開といえるはずです。

新たな学びを生むチャンスもある

ここまでで、私語を叱ってやめさせるには「説得力」が必要であること、私語の中で授業を開始するには「空気を変える」方法があることをお伝えしました。次に「おしゃべりがあっても授業ができてしまう」方法、または「おしゃべりを活用して授業をしてしまう」方法を考えてみましょう。

従来の授業は次の二大ルールを前提にしていました。

① **おとなしく座っている**

② **黙って話を聞いている**

騒がしい教室ではこの二つのルールが守れません。

この二大ルールが守れないためにルールを前提にした授業がやりにくくなっていま

す。つまり教師の随時の指導言（指示・発問・説明）によって、授業を前に進めていくやり方です。

しかし二大ルールを前提にしない授業もあります。

たとえば、いま、「アクティブ・ラーニング」として話題になっている「問題解決学習」と呼ばれる学習者の活動を中心とした授業です。この授業では子どもたちの学習の流れをできるだけ途切れさせないようにするために、その時間中に行う学習については、授業の冒頭で、活動内容をあらかた伝えてしまいます。

従来の授業のように教師の指導言で随時学習をコントロールすることが少ないです（まったくなくなるわけではないです）。たとえば、学習遊びを中心にした授業、表現活動を中心とした授業、グループ討論を中心とした授業などの活動中心の授業がそうです。

二大ルールを前提にしない新しい授業がつくれます。

教室の騒がしさを指導の出発点に

以前、私が編集長をしていた『授業づくりネットワーク』という雑誌で、学級崩壊の連載をしました。その連載の中で、いろいろなリサーチをしました。「学級崩壊」現象について、なぜこの現象が起きているか、それをどう分析すべきか、どのような対策が有効であるか、などについて、できるだけ広く深くリサーチしようとしました。

その取材で見えてきたことがいくつかありました。

その中の一つが「騒がしさ」は決して小学校だけの現象ではないということです。学校で最初に私語が蔓延したのは、大学でした。地方の私立女子大学だったといいます。次が高校、そして中学、最後の最後に小学校にたどり着いた、ということです。

学校の外はどうでしょう。パッと思いつくのはバスや電車の中です（以前はもっとずっと静かでした）。企業が行う研修などでもごく普通に私語が発生します。またお坊さんがお経を唱える葬式でもおしゃべりが起こるようになったという記事を読みました。

つまり「騒がしさ」は教室だけの現象ではないのです。

これを教室からだけ追い出すのは至難の技です。

少なくとも叱るだけではむずかしいです。

この現象とつき合っていくには、先にも書いたようにザワザワしている教室の空気を変えたり、ザワザワしていてもできる授業方法の工夫が必要です。

いま、そういうことが必要になってきていると考えます。

本書ではそうした工夫やワザをたくさんご紹介しましょう。

Chapter 1

叱る技術

距離をとってから叱る

新任当初、わたしは、「すぐ叱る怖い先生」でした。でもいくら叱っても、子どもたちはビビるどころか、ニコニコしながら聞いているのです。「叱られている感」がまったくないのですね。

そんなときベテラン教師と、合同授業をする機会がありました。

子どもたちは騒いでいましたが、ベテラン教師が大きな声で叱り始めると、全員シュンとして話を聞き出したのです。ポイントは距離のようでした。子どものすぐそばではなく、少し距離をとって叱っていたのです。

わたしはこれまで、子どもに寄り添うようにして叱っていたのですが、ベテラン教師を見習って、五〇センチから一メートルくらい離れてみました。

そして一言、二言……。効果てきめんでした！　あっという間に子どもの目から涙があふれてきたのです。**子どもを叱るとき、適度な立ち位置、距離はとても大事です。**

★距離を変えて叱る

叱るときの距離を、五〇センチ～一メートルにしてみてください。
わざとそのくらいの距離をとると効果が倍増します。

距離は大事です。
遊んじゃいけま
せんけど…。

余計な話は省いて話す

教室がザワザワしているとき、「集中しなさい！」と叱りがちですが、ザワつきはなかなかおさまりません。短く叱って、授業を始めようとしても、子どもたちに反省の色が見えないので、さらに叱る——。長い叱責がクセになってしまっていました。

するとある日、N子の日記が目にとまりました。

「叱られるのはしかたがない。でもあんまりアレコレ言うので、何を反省したらいいかわからなくなる」

そうだったのか⁉　教室で日記を読んで子どもたちに聞いてみました。みんな、「その通り」と深くうなずきました。わたしは謝って、「短く叱る宣言」をしました。前もこうだった……など、「脱線叱り」もよくないですね。

短く叱るコツは、ポイントを一つに絞ることです。あれもこれもと二つも三つも一度に叱っても、結局、子どもたちには伝わらないからです。

★短く叱る

「短く叱る」コツは叱るポイントを一つに絞ることです。二つも三つも叱っても、結局伝わらないからです。

「なぜ」つきで端的に叱る

教師が感情的に叱ることがないように、「何をしたら叱られるか」というルールを決めても、子どもたちが理解していないと感じるときがあります。

叱る理由が伝わっていない場合があるのです。

わたしは教師向けの研修会で、理由を言う訓練をよく行っています。

「好きな季節はいつですか？」

説得力のある理由を言える教師は驚くほど少ないです。

「春です。なぜかというと、新しい気持ちになるからです」

これでは、具体性がなく理由づけが不十分であり、伝わり方は弱くなります。

「初夏です。なぜかというと、湿気が少なくて晴れる日も多く、気持ちいい日が多いからです」。このくらいの具体的な理由が言えると、説得力が増します。

叱る言葉の中に「なぜかというと」を入れて、強い理由を示すことが効果的です。

★なぜ叱るの？

叱る言葉の中に「なぜ」を入れるといいです。
なぜ叱るのかを、データを示して話すことで
叱る効果が長持ちします。

「目安言葉」を使って諭す

「キチンと立ちなさい」
「しっかり先生の話を聞きなさい」
「ちゃんと話しなさい」

現役教師だった一九八〇年代、「キチンと」「しっかり」「ちゃんと」を使って叱る教師がたくさんいました。

よくあれで伝わるな、と不思議でした。

いま、こうした言葉を使う教師のクラスは、荒れています。

具体的な指示をすることで、子どもの行動が変わります。それが「目安言葉」です。

「ちゃんと先生のほうを見なさい」と言うより、「先生のほうにへそを向けます」と言うと、子どもたちに「何をすればいいか」が伝わります。教師と子どもたちの間に価値の共有が生まれる、おすすめの方法です。

★キチンと叱る

「先生のほうにへそを向けます」。「目安言葉」を使うことによって、子どもたちとの間に価値の共有が生まれます。

小言《こごと》はあっさりと

授業中にクラスがザワつくと、授業を中断して、お説教を始める教師がいます。しかも、同じようなことをくり返しクドクドと、いつまでも続けます。中には、一分で話せることを二〇分に引き延ばして、延々とお説教するツワモノ（？）教師もいます。

こうした「お説教引き延ばしタイプ」は、子どもたちから最も恐れられる叱り方の一つです。そのクドさに、子どもたちはうんざりするからです。

お説教を引き延ばすために、「過去の過ちをしつこく持ち出して責める」というテクニックを駆使しています。

「先週の授業でも同じだったよね。もうしないって約束したよね……」

子どもに真意は伝わらず、教師が嫌われるだけです。

叱るときは、一度決着がついたらそこで終わりにし、後に残さないさわやかさが必要です。**お説教は一分以内で終わらせましょう。**

子どもたちを叱るときは一分以内にしましょう。
それ以上長く叱ってもくり返しになりがちです。

★ネチネチしてると…

このオバケは人間に戻るんですかね？

子どもの理くつで叱る

最近の子どもの価値観調査では、友だちと仲良くしたい＝愛情志向が強いという結果が出ています。授業中にとなりの子から話しかけられたら、しゃべるのが愛情ある行動、無視したらシカトと同じなのです。

教師からの「勉強重視の注意」に、納得できない子どもが増えています。

「友だちが話しかけてきたから話しただけ」「授業中に勉強の話をして何が悪いの」

「先生は怒ってばかり。わたしたちの気持ちをわかってくれない」

注意すると、こうなります。授業中の私語は、勉強に関連したことが予想以上に多いのです。叱ることを急ぎすぎないことがコツのようです。

「友だちが話しているときは、おしゃべりをしないで聞こう」

「みんなに向けて話してくれている友だちの発言に耳を傾けよう」

と、子どもたちの愛情志向に訴える言葉がけを工夫したいですね。

★行動原理を読む

まずは「友だちの発言に耳を傾けて」と子どもたちの愛情志向に訴える言葉がけを工夫したいです。

自分の気持ちを伝える

カウンセリング用語で、アイメッセージとユーメッセージという言葉があります。アイは「I＝わたし」、ユーは「YOU＝あなた」です。主語をどちらにするかで、相手の受け止め方が変わります。

「あなたは〜」で始まる言い方は、非難したり、命令する言い方になります。たとえば、「また約束を破ったの？（あなたは）何回言ったらわかるの！」。これがユーメッセージです。アイメッセージでは、「きみが自分からルールを守れるようになってくれたら、（わたしは）すごくうれしいです」となります。

アイメッセージで叱るなんて、優しすぎるように感じるかもしれません。しかし、叱るとは責めることではなく、子どもたちの行動が変わることが目的です。

子どもの言動を自分がどう感じて、その子に何をわかってほしいのか、ストレートに伝える方法として、アイメッセージは有効です。

★愛《アイ》メッセージ

主語を「あなたは～」として相手を責めるよりも「わたしは～」と自分の気持ちを伝えるほうが効果的です。

愛はまちがいなく奉仕です!!

パフォーマンスをする

ヨーロッパでは、子どもたちが騒ぐと、教師が机の上にひらりと飛び乗り、手を広げて静止のパフォーマンスをするそうです。アメリカ映画「いまを生きる」の教師役が机に飛び乗るパフォーマンスは、これが原型だそうです。日本の教室では少々キツイと思いますが、その演劇精神、叱るときの遊び心はまねしたいものです。

拙編著『教師のためのキャラクタートーク術』（二〇〇七年、たんぽぽ出版）に、学級キャラクターのケロちゃんを使った実践例を紹介しています。たとえば、「係さん、金魚のお世話よろしくね」と、教師が指示をしても、子どもたちは返事をしたまま、忘れることが多いです。そこで、ケロちゃんから手紙が届きます。

「ケロはいま、とてもかなしいです。友だちの金魚ちゃんが病気になりそうです。おうちが汚すぎるので、助けてあげてください」

とくに、低学年では効果的です。

教室にパペット（指人形）が一つあるといいです。ちょっと注意をしたいときでもミニコントが可能になるからです。

★パフォーマンス精神

★教師のパフォーマンスもキレが大事です。

やさしくそっと注意する

高校生に「注意」が効かなくなったとよく言われます。

かつては、いたずらなどをしている生徒を見つけて、「こらっ！」とやっていましたが、ある時期から現場を押さえても、逆ギレする生徒が激増しました。

机間指導をしていると、作業を中途半端に終わらせて、手遊びをしていたり、寝そべっていたりなど、注意したくなることがたくさんあります。

でも、あるベテラン教師に「人前で叱らないのは鉄則」と聞いてから、その場をスルーして少し離れて、「作業が終わった人は○○をしてください」と、一般的な注意として話すようにしました。

現場を押さえて、「○○しなさい」と注意しても以前ほど機能しなくなってきています。

もしも、**本気で叱る場合は、「別室で叱る」が原則です。**

友だちの前で叱って、メンツをつぶすのが、いまの子どもたちを一番傷つけます。

★そっと叱って

本気で叱る場合は「別室で叱る」が原則です。メンツをつぶして、逆ギレさせてしまわないようにしたいです。

子どもの意欲を否定しない

「きみは、本当にやる気あるの？」

指導しても、なかなか結果が出ないとき、子どもの様子によっては、「子どもの意欲」を叱りたくなることがあります。

叱ると効果がありますが、子どもの意欲を否定する叱り方は避けたいです。

クラスで一人だけ、跳び箱が跳べない子どもがいました。

「できる。できる。きっとできるよ」と言い続けました。

しかし、「やる気あるの？」と言いかけたことがあります。でも言う直前、わたしの「ハイッ！」という合図に対し、緊張と弛緩の息遣いをしていることに気づきました。わたしは、その息遣いにその子のやる気を確信しました。わたしの中の何かが変化しました。すると、するっと跳べるようになりました。

子どもの可能性を信じる叱り方をしたいです。

★君を信じてる

「無限の可能性」という有名な言葉があります。教師として子どもに対するとき、その変革の可能性をかたくなに信じる言葉です。

教師の基本は、目の前の子どもを見ることです。

叱り方チェック

ちゃんと叱れているか、確認してみよう！

- [ ] 叱るべきときには叱る！
- [ ] 決してくどくど叱らない！
- [ ] 叱っている理由が伝わっている！
- [ ] 改善ポイントが明示されている！
- [ ] 子どもの過去の失敗を持ち出して叱らない！
- [ ] 叱る言葉の言い回しなどを工夫している！
- [ ] 叱る気持ちも子どもに伝えている！
- [ ] 叱り方の「自己演出」をしている！
- [ ] 叱るときは個別に叱る！
- [ ] 体罰をしていない！

Chapter 2

空気を変える技術

つかみ技術を工夫する

「三分間で木のつく漢字をたくさん書きます」

国語であれば、こんな漢字クイズから授業を始めます。ちょっとした遊びなので、子どもたちは楽しみながら集中できます。

一九九〇年代半ばごろから、子どもたちは授業を始めても、なかなか集中してくれなくなりました。学級崩壊と騒がれたのと同じころです。

いまは、子どもたちを授業に誘導する技術が必要です。「つかみ型導入」と呼んでいます。体育のウォーミングアップのようなものです。**授業に入るときに、漢字クイズのような、「ちょっとした学習遊び」をぜひ試してみてください。**

授業内容に直接入るよりも学習効率は落ちますが、遊び感覚で子どもたちの気持ちを授業に誘導する、とても有効な手段です。

★つかみは OK!?

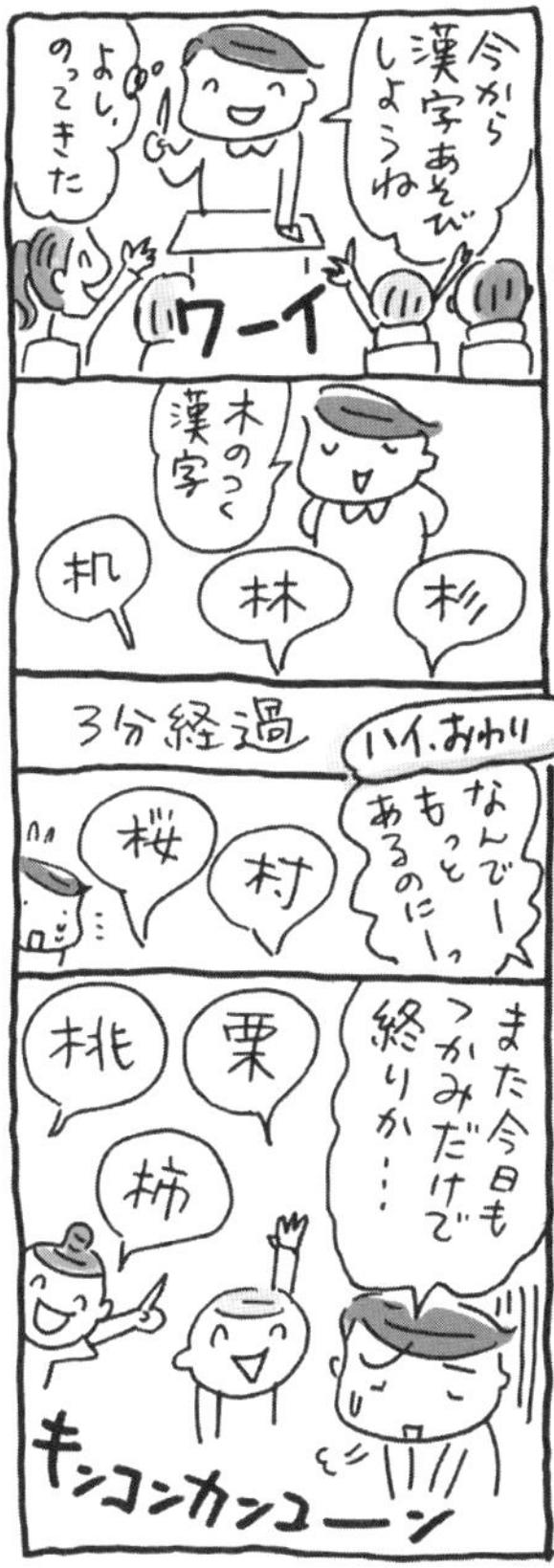

朝一番、昼休み後の授業では「学習遊び」から始めてみましょう。
頭のウォーミングアップ、リフレッシュができます。

学習遊びは
「時間管理」
が大事です。

指示の内容を板書する

「起立します。二七ページを読みます。読み終わったらすわります」

ごく簡単な指示です。板書する必要などなさそうですが、次のように板書します。

①「立って二七ページを読む」

②「読み終わったらすわる」

言葉で伝えて、板書し、さらにそれを指さしながら指示を出すと、子どもの動きが違います。

クラスには、口頭の指示ではパッと内容をつかめない子もいますし、二回に一回は教師の言葉を聞き逃すクセのある子もいます。言葉で指示を聞き取る訓練は大事ですが、板書との併用でクラスのザワつきが確実に減ります。

とくに、長く複雑な指示をする場合や、いくつも指示をする場合は、板書のあるなしが、教室の空気に大きな違いを生み出します。

★聞かザル者も…

板書指示では箇条書きを使います。数字を使って伝えたい内容を列挙します。それを指さしながら指示するといいです。

問題をクイズに変える

中学校で、いきなり荒れたクラスの担任になった新任の国語教師がいました。教師になって初めて、意気揚々とクラスに行ったら、三分の一くらいの生徒たちがいなかったそうです。そのため、最初の仕事は、生徒探し。見つけたころには、待ちくたびれた生徒がだらんとしていたそうです。そこで、次から黒板に国語クイズを書いてから、生徒探しをするようにしました。

これをきっかけに、クラスの空気が変わったそうです。たとえば、「夏目漱石の作品、間違っているのはどれ？　①吾輩は猫である、②舞姫、③坊ちゃん」というような、勘でも答えられそうな問題です。

「②舞姫は森鷗外の作品だ」と解説もできますし、三択であれば、どれかに挙手するなどして、全員が参加できます。

楽しみながら学びにつながるいいアイデアです。

★三択の女王

学習クイズは三択がよいです。選択肢があれば、いずれかに挙手して、授業に参加できるからです。

三択か五択か。教育学的には非常に大事な問題です。

作業の時間を限定する

ノート作業の指示をするときは、作業内容に見合った時間を明確に伝えると、子どもたちはグンと集中します。いま、話題になっている言語力育成にもつながります。たとえば国語の授業で、「この物語の季節はいつですか」という発問をして、答えと短い理由を書いてもらいます。書くことが言語力をみがくのです。

このとき、「三分間で書きます」と、時間を限定するのです。**時間を設定することで、集中して作業できるようになります。**

指示直後に、机間指導に入ります。とくに重要なのが指示直後です。すぐに「答えと短い理由」が書き出せる子、そうでない子がいます。

まず、着手が早い子を見て回って、正確に指示が伝わっているかチェック。次に着手が遅い子の近くに行って、指示の再確認をします。クラス全体の「書く能力」を把握できる、ちょっとした工夫です。

★三分間待つのです

作業の指示は「三分間で書きます」から始めてみてください。これで、書くことに関するクラス実態も把握できます。

三分間こそ
「待ち」の王
道です！

新鮮ネタをトークする

現役教師時代、子どもたちの書く作文を読むのが大好きで、毎日のように、ミニ作文を書いてもらっていました。

たとえば、「見たこと限定の作文」などを書かせていました。メチャメチャおもしろいので、クラスで読み聞かせていました。

「学校の坂にタンポポが咲いていた。茎がチョー短かった」。すると子どもたちが食いつきます。「そんなに短いの！」「ホントにー！」。子どもたちは、新鮮な情報、ネタが大好きです。教師も、「先生もびっくり！」などと、短いコメントをつけます。

子どもは、新しいものが好きなので、集中して聞きます。「何を書いていいかわからない」というタイプの子どもの、ネタ探しの参考にもなります。

新鮮なネタは、クラスでどんどんトークしましょう。とくに、友だちの新発見は興味深く、好んで聞くようです。

★子ども川柳

子ども川柳もネタになります。
条件は五・七・五で書くことだけです。
他人の欠点・悪口以外は何を書いてもOKです。

★自虐ネタは、小学校高学年から増えてきます。

エンタメネタで脱線する

ときには、教室で教育的な啖呵を切りたい、なんてことがあります。

そんなときに、「コロンブスの卵」のような偉人の話をしても、子どもたちには「伝えたいこと」が、なかなか伝わりません。

でも、たとえば（やや古いネタですが）、「そんなの関係ねぇ♪ って考えていたら、何にも気づけないよね？」と、お笑い芸人ネタをからめたり、人気ドラマのせりふを引用したりするほうが、子どもたちには伝わります。

バラエティ番組など、芸能情報、エンタメネタは、ぜひチェックして仕込んでおきましょう。授業がひと段落したときなどがいいですね。

ズルズルと話がそれることさえなければ、「脱線トーク」は教室を引き締める高等技術です。

★授業のための…

テレビのお笑い番組をときどきチェックしてネタの仕込みをしましょう。

これ、ワタシです。（上條）

動作のある学習をする

学習とは、くり返すことで上達します。

しかし、たとえば音読の場合、機械的に何回もくり返すと、飽きてきてしまいます。

そこで、「動き」をつけると、子どもたちの満足感も高くなり、クラス全体もザワつかなくなります。

「○ページを読みます。普通に立って一回、黒板の前で一回、片足立ちで一回、席についてもう一回読みます」

場所や姿勢を変えて読む、移動読みという方法です。落ち着きのない、あるクラスでの移動読みでは、「どんな移動読みがしたいですか?」と質問しました。

意見を出し合って決まったのが、「大蛇になって読む」でした。

みんな教室の中をにょろにょろと這いまわりながら、楽しそうに読みました。子どもたちは、こんな学習が大好きです。

★動いて「読む」

移動読みの定番は「片足立ちで読む」「黒板の前で読む」などです。クラスの「流行」読みをつくれると面白いです。

一斉に音読・問答する

教室がザワザワしているときは、「連れ読み」という手法が効果的です。

「設問を読みます。先生の後について読みましょう」

教師が読み、次に全員が一斉に読むのです。コツは、短く区切って読むことです。

一斉問答というやり方もあります。

教師「小説の題名は何ですか？」

全員「『走れメロス』です！」

教師「主役は誰ですか？」

全員「メロスです！」

教師「Aくんの好きな果物は？」

全員「メロンです！」

ときには意表をついて笑わせることも、学習効果&集中力アップに役立ちます。

★一斉練習

アントニオ猪木の「一、二、三、ダーッ」も効果的です。最後の「ダーッ」の部分を教室用にアレンジして使います。

雑談タイムを設定する

山形大学の授業改善の冊子に、「休憩」という項目があります。

九〇分の講義中にずっとしゃべりっぱなしでは厳しいので、途中で五分程度の休憩をはさむのです。

すると、**休憩後は学生の集中力がアップするそうです。**

このアイデアは、小学校、中学校にも使えます。

「二分間、休憩タイムにします」

そして、子どもたちがどんな雑談をしているか、そばに行って「取材」してみましょう。「今の話で出た○○って人って？」などと、実は授業に関する雑談が多いです。

突然、休憩タイムの宣言をするよりも、「途中で二分間、休憩タイムにします」と、予告しておくといいですね。

休憩タイムがあるとわかると、授業を我慢して聞く時間が伸びるようです。

休憩タイムをとることを予告しておくとよいです。雑談タイムがあるとわかると我慢して聞く時間が伸びるようです。

★お口《くち》直し？

沈黙競争をやってみる

授業を進めるために、「静かにしてください！」といくら言っても、なかなか静かな状態をつくり出せないことがあります。そこで、子どもたちの競争意識をくすぐって、遊び感覚でできる「何秒で静かになれるか競争」をしてみましょう。

「今回は五五秒で静かになりました」
「今回は二五秒で静かになりました」

こんなふうに言ってみると、「早く静かにしよう」という動きが、クラス中に広がることがあります。子どもたちは、タイムを縮められると「うれしい」のです。

「二班が静かになりました」
「四班も静かになりました」

やりすぎは逆効果の場合もありますが、クラスが沈黙競争に夢中になると、静かになるのが早くなります。

★沈黙オリンピック

腕時計を見て言います。「○秒で静かになりました」。学級全体を沈黙競争に巻き込むと静かになる時間が早くなります。

五班に座布団一枚！

教師がわざと失敗する

教師の板書に、子どもたちがいつツッコミを入れてもいいようにすると、教室の空気が明るくなります。明らかな間違い、失敗を教師がするのです。

たとえば、その日の日付です。

「六月四日」を、わざと「四月六日」と書きます。「先生、日付が逆です」とツッコミが来ます。「ああ、ごめんごめん、また注意してね」と、教師もしれっと対応します。

こういう、ちょっとしたやりとりができる関係づくりができるといいですね。

資料を見せるときにもできます。パネル資料を、裏返しにして見せるのです。

「先生、見えません」「表裏が、反対です」

「ごめんごめん、ありがとう。先生がうっかりしていたら、また注意してね」

子どもたちは、教師へのツッコミどころに期待して、集中して授業を聞くようになります。安心してツッコめる教師自身の明るいキャラづくりも重要です。

★だれか、ツッコミを！

国語の時間に「では算数を始めます」と言います。子どもから「国語じゃないの！」とツッコミがあればしめたものです。

★ツッコミを促す話術も必要です！

教師の話は端的にする

子どもに何か話すときは「簡潔に」「ポイントを押さえて短く」伝えるのが一番です。

たとえば、あらかじめ話すことはいくつになるか、頭の中で数えます。

すると、話の冒頭で、「〇つ話します」と言うことができます。

「一つ。〜」

「二つ。〜」

「三つ。〜」

これだけでも、教師の話は格段に簡潔になり、子どもたちも聞きやすくなります。

暑い夏の全校集会で、話の長い校長がいました。「まず〜、それから〜、つぎに〜」と、話していったのですが、「最後に〜」と話をした後、さらに「もう一つ〜」と話を続けていったところ、話が増えるたびにバタバタと子どもたちが倒れていったそうです。教師にも、簡潔に伝える言語能力が必要です。

★長いスピーチは…

「二つ話します。一つは～。二つは～」。こんな話し方をすると、話が整理されて、子どもたちも聞きやすくなります。

短い話がかっこいいのだと普及したいです。

加点法評価をくり返す

小学校教師時代、小学五年生の子どもたちと、一カ月くらいかけて「班対抗よいところ探し競争」をしたことがあります。

帰りの会で、班の子どもたち同士がお互いのよいところを見つけて、その数を班ごとに競い合いました。やってみてわかったのは、よくないところは簡単に見つけられるけれど、よいところを探すのは難しいということです。探せるようになるのに、少し時間がかかりました。よいところは、意識しないと見つけられないからです。

減点法が中心になると教室の空気が悪くなります。

「Aちゃんが、下級生におはようって声をかけていた」

「教科書を読む声が前より少し大きくなった」

教師は「一日五つ」というふうに数値目標を決めて、意識的によいところを探す努力をしてみましょう。少しずつ、加点法ができるようになります。

★よいところ探し

一日に五つというふうに数値目標を決めて「よいところ」を探す努力をします。少しずつ加点法ができるようになります。

わが家でも経験アリです。

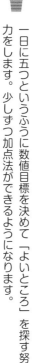

教材を手づくりする

「学級通信はワープロがよいか、手書きがよいか？」

一時期、話題になったことがあります。これだけパソコンが普及すると、ワープロの学級通信が当たり前になりました。

しかし、だからこそ、手書きのよさが際立ちます。機械的な文字が並んでいるよりも、「手書き文字」は、教師の人柄がにじみ出て、温かみが伝わります。

大学のゼミの模擬授業で、「漢字ババ抜きゲーム」をしたことがあります。カードに「氵」「イ」「皮」「ム」などの漢字の「部分」をたくさん書いて、ババ抜きをするのです。

単純ですが、大学生でも盛り上がります。

このゲームは、漢字カードをつくるところから始まります。学生は、時間をかけてカードを手づくりしてきます。

手づくりした人の思いが伝わるのでしょう。教室が温かい雰囲気に包まれます。

★手づくり

ハマグリ
ビックリ
カラクリ
ボクがやりました
テヅクリ

たとえば、絆創膏《ばんそうこう》にサインペンで顔を描いた養護の先生がいました。
それだけですが、子どもたちは喜びます。

教材にはカラクリ＝意外性も大事です。

質問の時間を保障する

授業の最後に、「質問はありますか？」と聞いても、子どもたちから、質問は出てきません。教師が一生懸命、説明をした後ですから、「ありません」と答えるのがマナーと言えるかもしれません。教師にしても、「質問は？」は単なるルーティンワーク、儀式的なもので、本気で質問を求めてはいません。

しかし最近、本気で質問をしてくる子どもが増えてきました。これはいい傾向だと思います。

わたしは学習ゲームをよくやります。最初にルール説明をして、さらにプリントも配ります。それでも、ルール説明というのは難しいもので、説明が不十分な場合があります。ですから、必ず質問の時間を取ります。質問は出なくてもよいのです。

「説明したら質問！」と、質問タイムを制度化しておくといいです。気軽に質問できるようにすることで、子どもたちがグンと安心するようです。

★質問は？

「説明したら質問！」を約束事にするといいです。質問が出たら喜んで答えます。教室の空気は間違いなくよくなります。

学期はじめにフリー質問をやるのはアリです。

「号令ごっこ」をする

やんちゃな子どもが多い小学二年生を担任したときのことです。

毎日のように、「号令ごっこ」をして、盛り上がっていました。

たとえば音読するときに、「教科書を持って」「一行目から読みます」というふうに指示します。

「机の中にそ〜っと椅子を入れます」

「口を閉じて」「体育館に移動します。忍者足です」

「話します」「先生のほうにおへそを向けます」

号令といっても、威圧的に言うわけではありません。「ぜんた〜い、とまれ！イッチニ！」という号令のように、**短く、遊びの要素を入れて言うのがポイントです。**

子どもたちは、楽しそうにキビキビと動いてくれました。

真面目な指示ばかりでは、子どもたちもきゅうくつになります。

★号令

音読するのに「教科書を持って」「一行目から一緒に読みます」というふうに指示します。動きがキビキビしてきます。

教室でも笑い要素のある号令は効果的です。

一対一で会話してみる

教室での会話は、教師対〈多数〉の子どもとなることが多いですが、子どもたちに言葉が響きにくい薄い言葉になりがちです。一斉授業では、うまく反応できない子どもたちも増えてきています。

教室では意識して、一対一の会話場面をつくると、思わぬ効果があります。たとえば、学習ゲーム「木のつく漢字探し」を活用します。列ごとに、発表してもらいます。

「エイです」「エイ?」「栄養の栄です」「おおー」

「アンです」「安心の安じゃないよね?」「案内の案です」

一言、二言ですが、教師と子どもが一対一で会話できます。

そして、この会話をほかの子どもたちはしっかり聞いています。「案内のアンは木が下につくんだな」などと、一斉指導で教えるよりも記憶に残るようです。**一対一の会話は、子どもに響く強い言葉です。**

★一対一がいい

★いえ、違わないと思います。（上條）↓

一斉学習での「みんなに向けた話」を減らしたいです。たとえばグループ単位の学習をすると一対一の話が増えます。

子どもと一緒に踊る

教育現場で踊るというと、突飛なことに感じるかもしれませんが、踊りは体を使った、立派な表現行動です。クラスの一体感を高めるのに効果がありますし、何より子どもたちは楽しみ、盛り上がります。

「震源地ゲーム」というゲームがあります。

オニ以外の子どもたちで、リーダーを決めます。オニになった子（複数でもよい）が合流して、みんなはリーダーの動きをまねします。手拍子、足拍子など、いろんな動きが始まります。オニがリーダーを見つけたら勝ちです。

わたしはこのゲームで、音楽をかけてみました。だんだん、動きが踊りになっていきます。わたしも一緒になって踊らせてもらいました。

最初は班単位で遊び、少しずつメンバーを増やしていくといいようです。休み時間やお楽しみ会で、クラスが熱くなります。教師も堂々と踊るのがポイントです。

★先生も一緒に

教師も子どもと一緒に踊れるといいです。子どもと一緒に体を使った表現活動をすると、教室が熱くなります。

くだらないことを言う

以前、『教室がなごむお笑いのネタ&コツ』(二〇〇三年、学事出版)という本を作りました。現役教師が、授業の合間にしている「くだらないこと」を集めています。

たとえば、「テレビにらめっこ」。教師の言うことに笑ったら負けという単純なゲームです。「土管がどっかーん」「ブタがぶった」「アルミ缶の上にあるみかん」などなど。

授業中の子どもたちから意見などを引き出すには、無理に発言させるよりも、発言したい気持ちにさせるほうが効果的です。

それには、教師が「くだらないこと」を言うに限ります。

ダジャレに限ったことではありません。

「目を閉じて、想像してください。あったら怖いもの……角刈りのライオン!」

子どもたちが、われもわれもと、思ったことを発言し始めそうですね。

お笑い芸人のネタのフレーズをはさむのも、使えます。

★先生が率先して

「目を閉じて、想像してください。あったら怖いもの。角刈りのライオン！」などのナンセンスネタも使えます。

立ち位置を変化させる

吉本興業に、大崎洋さんという人がいます。

ダウンタウンを育てたマネージャーとして有名で、現吉本興業社長です。その大崎さんの講演を見たことがあります。NSC（吉本総合芸能学院）の卒業式です。

生徒は、真剣に聞いていますが、空気が重いのです。すると、大崎さんは椅子からスッと立ち上がって、卒業生の客席に近づいていきました。それだけのことなのですが、その場の空気がなごやかに変わったのがわかりました。

教師も、授業の冒頭は教卓で話すことが多いです。でも、ずっとその位置で話し続けると、子どもたちは飽きてしまいます。授業の展開部に入るときは、子どもたちの近くへゆっくりと近づいて話しましょう。教師の本気モードが伝わります。

まとめの話をするときは、教卓へ戻ります。「大事な話をします」というメッセージが伝わります。

★すっと立つ

まとめの話をする場合にも教卓前に戻って話をするといいです。大事な話をします！　というメッセージが伝わります。

教室の空気チェック

教室の空気を変えられているか、確認してみよう！

- □ 導入でツカミをしている！
- □ 教室に「陰」の子をつくっていない！
- □ 子どもをノセる楽しい活動をする！
- □ 同じ活動をダラダラ続けて飽きさせていない！
- □ 子どもの流行の話題を自然に教師トークに入れている！
- □ 1回の授業に1回ぐらいはわざと脱線話を入れている！
- □ 座学ばかりでなく体験型の学び合いも取り入れている！
- □ 一斉に○○をするというような活動がある！
- □ 息抜きの時間を意識的に設定する！
- □ 健全な競争も工夫している！

Chapter 3

学びを生む技術

ウォーミングアップする

学級崩壊が騒がれるようになる、直前のことです。

ある教師から「一年生に『教科書を開いて』と言っても、聞いてくれません」というメールをもらいました。わたしは、教師の指示の技術が未熟なのだなと思いました。

しかし、違っていました。

クラスでは、授業になったら教師に対して集中する、と考える子どもが極端に減ってきています。休み時間の遊び頭のまま、授業に突入する子どもが増えました。

いきなり授業に入るのではなく、頭の準備体操が必要になってきています。

国語であれば、一分、五分などと時間を決めて、「五画の漢字探し」「コウと読む漢字探し」などをしてみましょう。

遊び感覚で子どもは夢中で取り組みます。こうした頭のウォーミングアップで一度集中することで、授業に入りやすくなります。

★ウォーミングアップ

国語であれば「漢字遊び」。「五画の漢字探し」や「コウと読む漢字探し」などの頭のウォーミングアップをしてみましょう。

★だからほんとに必要です！

座席配置を変化させる

通常、机は全員、まっすぐ前を向いています。教師が授業し、それを子どもがおとなしく聞くには、ちょうどいい座席です。ほかのクラスメートとも、ほどよい距離があります。いわゆる、「よそ見禁止」の座席配置です。しかし、この座席のまま、子どもたちに「伝え合う授業」をさせようとしても、難しいです。教師との縦型コミュニケーションを想定した座席は、クラスメートとの横型コミュニケーションをするには不向きです。

グループ学習のときなどは、座席を班ごとに向かい合わせにしたり、発表の学習では教師を中心に、全員の座席を半円形にする劇場型に変えたりなど、座席の工夫が効果的です。グループリーダーを、わざと教師に背を向けるように座らせてみるとおもしろいです。教師の視線をわざと遮断すると、いつもと雰囲気が変わり、子ども同士の話し合いが盛り上がります。

★劇場型って…

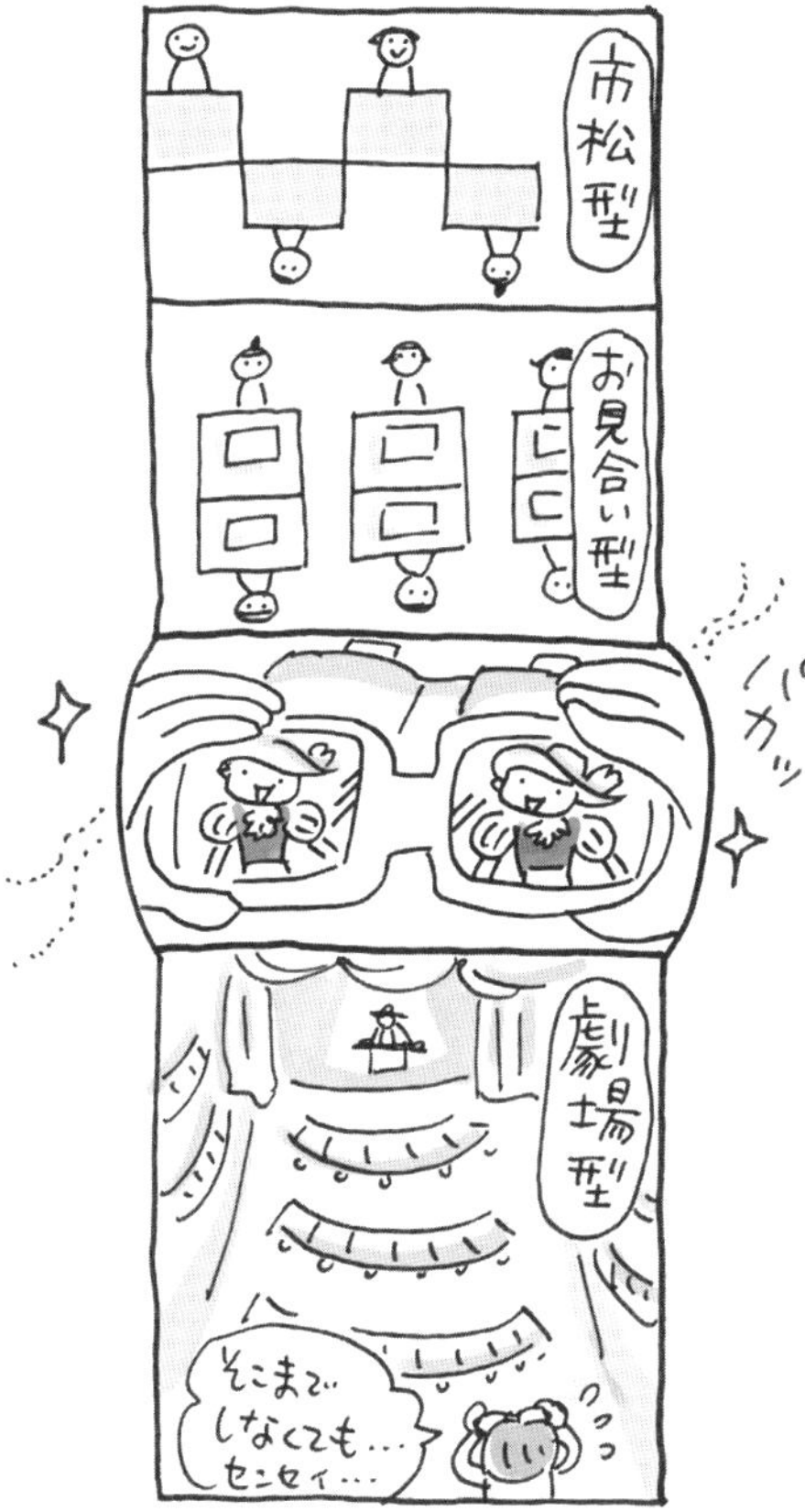

グループリーダーを教師に背中を向けるように座らせてみると面白いです。いつもとは雰囲気の違う学習になります。

立ち歩きを合法化する

立ち歩きをしたい子どもたちが増えています。

よく見ると、ただ立ち歩きしているのではなく、友だちにちょっかいを出したり、おしゃべりしたりと、コミュニケーションをとっているのです。

これを効果的に学習に取り入れようと考えました。口頭で伝えた複数の情報を、箇条書きのメモにまとめる、国語の授業のときのことです。いろんな箇条書きが出てきて、うまく書けている子どもも、いろんな書き方をしています。立ち歩きをして、ほかの友だちの「いい書き方」を見て回ることで、「学べる学習になる」と確信しました。

北海道の仲間の教師が同様の指導をしていて、「合法的立ち歩き」と呼んでいます。

この手法は、「何かを見て、短い感想文を書く」「賛成・反対の理由を書く」「振り返りの文章を書く」といったときに、効果を発揮します。**「ノート作業後は合法的立ち歩きＯＫ」と、学習パターンの一つにするとよいです。**学び合いが加速します。

★立ち歩きがダメなら

ノート作業後は「合法的立ち歩き」をすることを学習パターンの一つにするとよいです。学び合いが加速されます。

参加型板書を工夫する

「三分間で木のつく漢字を集める」など、「漢字遊び」を板書させることがあります。一番多く書けた子どもに全員で拍手をして、見つけた漢字を板書させるのです。ほかの子どもには、自分が書けなかった漢字があれば、写すように言います。チャンピオンが書き終えたら、ほかにないか質問をします。チャンピオンが書けていなかった木のつく漢字がわかります。板書はチャンピオンが続けますが、口で説明するのが難しい漢字が出てきたら、その漢字を見つけた子が板書します。

つぎつぎと板書係が変わっていきます。

子どもに書かせるのは、時間がかかります。でも、**板書への参加が子どもたちの「自己承認欲求」を満たします**。板書がリレーすることで、満足感もリレーされます。

学習の振り返りをするときは、全員が黒板に短く書くといいですね。書かれた感想を読みながら、全員で振り返りを共有できます。

★参加型板書

学習の振り返りをする際、全員が黒板に短く書きます。書かれた感想を読みながら振り返りを共有するといいです。

学習ルールを明示する

教師の話を黙って聞くのは「ごく常識的な学習ルールの一つ」です。しかし、大学などでも「聞かない学生」が増えてきています。「ちょっと静かに」と声をかけても、なかなか静かになりません。

わたしは、多少うるさくても話をしてしまいます。必須事項は板書します。授業態度が悪いもののためではなく、耳から聞き取ることが苦手な学習者に伝えるためです。目と耳、両方で説明することで、多少うるさくても伝えることができます。

ただし、一気に話したいときもあります。そういうときはプリントを用意して、

「まとめて説明します。○分間、黙って聞いてください。おしゃべりが聞こえると説明しにくいからです」

と言います。「必要に応じた私語禁止ルール」です。時間を明示し、理由を伝えることがコツです。理由を明示すると、ルールは案外、守られます。

★理由があれば

「○分間、××してください」と時間を明示するのが、コツです。もちろん理由についても端的に述べます。

自己表現の場を増やす

子どもたちは、「認められたい」という欲求を持っています。それが、年々高まってきているなと感じます。大舞台ではなく、クラスのさまざまな場面で、自己表現できる小さな舞台を用意すると、クラス全体の雰囲気が温かくなります。

たとえば、「えっ！　ゲーム」。次のような「えっ」と思う状況を、ジェスチャーで表現して、当てるゲームです。

「母親にトイレ掃除を頼まれた」「宿題を忘れたことに突然気づいた」

一人が演じて、ほかの子が当てます。当ててもらえるとうれしいですし、小さな自己実現になります。

グループによる群読などもおもしろいです。数人で短い詩にふりをつけたり、歌のようにしたりと工夫して読みます。完成度より、アイデアを評価しましょう。表現活動では、フォローが大切。教師が先頭に立ってフォローしましょう。

★自己表現

表現活動ではフォローが大事です。教師が先頭に立ち、フォローをします。フォローがあると表現がラクになります。

「へ理屈」も表現の一つと言ってみましょう。

学習ゲームを活用する

漢字の練習には、漢字テストが有効ですが、テストだけでは漢字に興味を持てない子どももいます。こういうとき、漢字ゲームが役に立ちます。

カタカナを組み合わせてできた漢字があります。右、左、空、回、多、化などです。クラスをいくつかに分けて、対抗戦を行います。まずは三分間のシンキングタイム。そして答えをノートに書かせます。その後、交互に発表させます。

「ナとエで左です」「イとヒで化学の化です」

多く出たチームの勝ちです。

学習ゲームでは、子どもたちが夢中になって活動します。教師は、見守りながら声をかけます。苦戦しているチームを応援します。勝利のチームには心からの拍手を送ります。負けたチームのフォローもします。説明中心の授業では見えてこない、子どもの姿や、発想力、まとめる力など、テスト学力ではない学力が見えてきます。

★漢字ゲームで

ときどき楽しい学習ゲームをして、子どものようすを観察してください。テスト学力ではない、もう一つの学力が見えてきます。

グループで学習をする

「勉強とは、授業とは、教師から教わるもの」と思っている子がいます。保護者も、教師の中にも、そう思っている人がけっこういるかもしれません。

しかし、子ども同士の学び合いも、とても大事な「勉強」です。

グループ学習を授業に取り入れると、友だちの意見に学び、友だち同士だから言える意見が生まれたりと、教師から教わる授業とは違った学びが生まれます。

グループは四人が基本です。グループをつくったら、じゃんけんでリーダーを決めます。そして、教師はお題を出します。たとえば、「なりきり作文」。

「ある日、起きたら○○になっていました」が書き出しです。グループで自由に、思いついたことを書き出していきます。○○は何にするか、書き出しの続きは――。グループ全員で一つ一つ書いた後、代表作を選んで発表します。「代表作品選び」が、文章を見る目を鍛えます。慣れてくると、グループから学ぶ方法が身につきます。

★寝て起きたら…

★そういう「寝て起きたら」でなくって……

グループは四人が基本です。グループをつくったらジャンケンでリーダーを決めます。慣れると学び方がうまくなります。

バラエティー型で学ぶ

小学五年生の国語の授業で、しりとり、折句（最初の字をつなげるとある言葉になる）、創作漢字など、短い言葉遊びをつなげた授業を見たことがあります。

ずいぶん変わった授業だなと、当時は思いました。授業の導入からテーマについて積み上げていき、最後にまとめる授業が「普通」と言われていたからです。

子どもの興味・関心の強さに合わせて、言葉遊びを長くも短くもすると聞きました。

最近、こうしたバラエティー型の授業が増えています。たとえば、漢字遊びをして、絵本の読み聞かせ、読解をして、音読、もう一度読解、漢字テストで終わります。

子どもたちは、一つのテーマで勉強を続けると、飽きて教室の空気が重くなります。

バラエティー型は、つぎつぎに内容が変わるので、飽きません。一つのパーツは五分が基本で、五分二つのユニット（一〇分）にすることもあります。パーツを組み合わせて、ぜひ授業をつくってみてください。

★バラエティー

一つのパーツの基本を五分と考えています。五分二つで一〇分間のユニットです。パーツを合体させて授業をつくります。

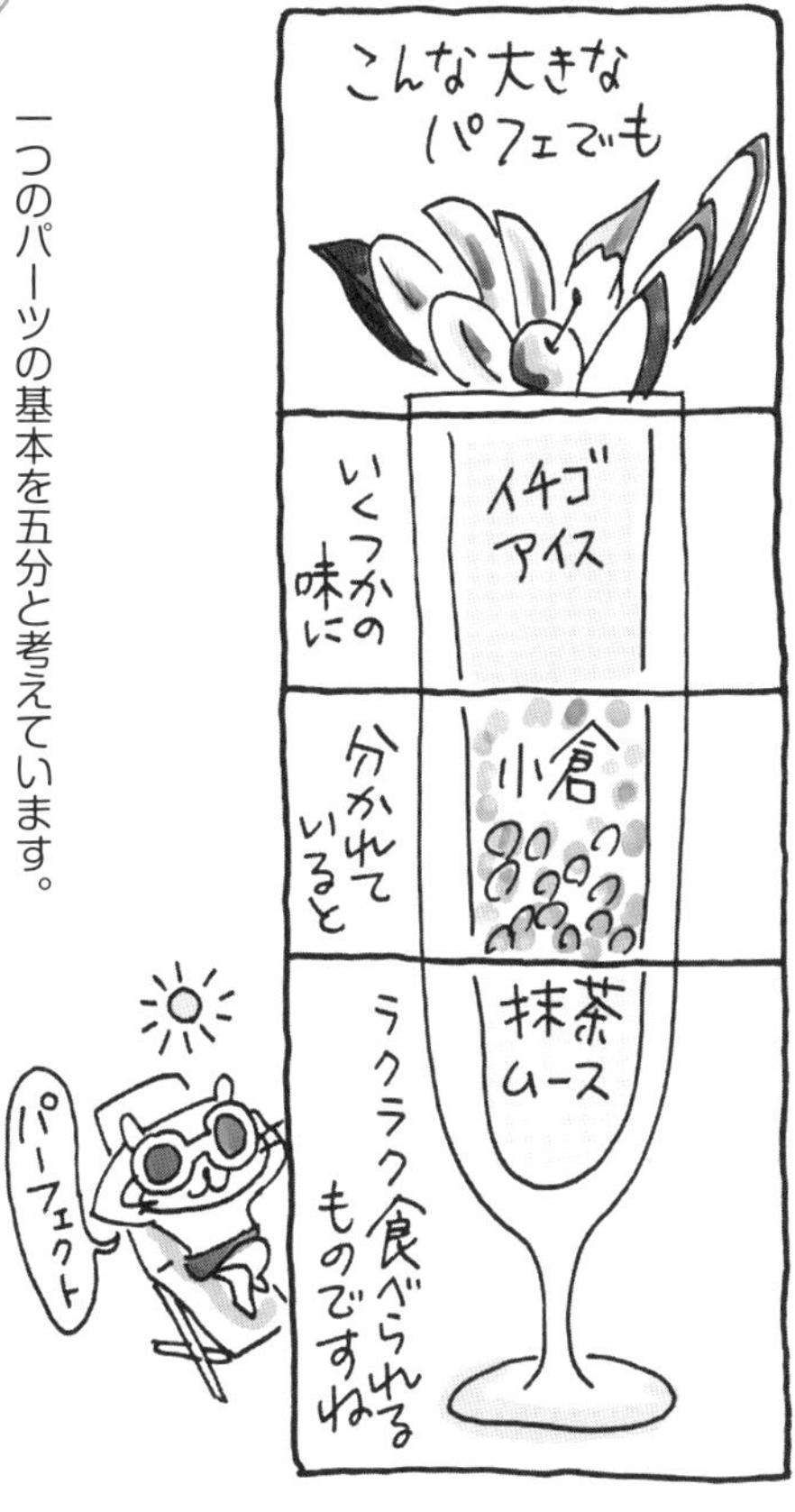

学びのしかけをつくる

まったく自由に学ばせるのでもなく、細かな指示でしばるでもなく、その中間──。「学びのしかけ」は、一九八〇年代に発見されました。子どもたちが、思わず学んでみたくなるような「しかけ」をすることで、学びを促します。

たとえば、「ラブレター作文」という、有名な授業があります。

「たとえ……でも」「なぜ……か」「たぶん……だろう」「どうか……してください」「まるで……のような」という「呼応の副詞」をすべて使って、ラブレターを書く実践です。うそ作文でかまいません。小学校高学年以上なら、鉄板のネタです。

「たとえ二度と会えなくても」「まるで女神様のような」といった、おおげさな表現を引き出し、普段書けないような文章が書けてしまいます。子どもも、「条件があったからそう書いた」と言い訳ができます。こうした、自然に学びたくなるしかけをぜひ活用してみてください。

一番簡単なしかけは「時間」です。同じ学習でも、三分、五分、と時間を区切ることで挑戦的な課題になります。

こういう応用は大いに推奨したいです。

★ラブレター

体験型学びチェック

体験型学びができているか、確認してみよう！

- □ 教室のかたさ（かた苦しさ）を気にしている！
- □ ときどき教室のレイアウトを変化させる！
- □ 子どもが体を動かせる活動を工夫している！
- □ 板書は教師がするだけでなく子どもたちもしている！
- □ 学習ルールを提案するときにはその理由も説明する！
- □ 子どもの自己表現できる場をたくさん用意している！
- □ 学習遊びからも学力の伸びを観察している！
- □ ペア＆グループによる学習をしている！
- □ ミニネタで授業を変化させている！
- □ 挑戦的な課題を工夫している！

あとがき

授業の中で子どもたちの学び支援をしたいと考えているのに、子どもたちときたらワイワイガヤガヤ。おしゃべりだったり立ち歩きだったり。

「ちゃんと座ってお話しを聞こうね！」

まずはやさしく注意します。しかしそれでもワイワイガヤガヤが止まない場合はどうしたらいいでしょう。わたしはいま教員養成大学で学生たちを指導していますが、彼らが教師の卵として最初にこういう問題に直面するのは教育実習のときです。

大学授業でやる授業シミュレーションではこうした授業を乱す動きをする児童役が出てくることは稀です。児童役には「子どものフリをするのは無理だから学生の素のままで参加するようにしましょう」という約束事にしていますが、「この授業、面白くない」と途中から授業を投げ出す言動をする強者は数年に一人ぐらいです。

しかし、大学の普段の講義でワイワイガヤガヤは決して珍しくないです。

自分が授業者になりうる場面の児童役では自然と行儀がよくなるのに対し、そうでない普段の講義ではワイワイガヤガヤを普通に発生させます。わたしはこれをとても興味深い現象だと考えます。学生は無意識にやっていると思いますが、この無意識が現場に出てからも続くことはよくないと考えるからです。つまり授業における教える側と学ぶ側の感じ方が分離していて、学ぶ側のワイワイガヤガヤしたくなる気持ちを教える側が捉えきれない問題が起こると考えるからです。こういう授業づくりにおける学習者の感じ方に気づいて考える能力のことをリフレクションと呼びます。

現場で仕事をする際、本気で叱るしかない局面もあると思います。しかし、わたしが本書の中で「叱る技術」と同時に、「空気を変える技術」「学びを生む技術」を提案しているのは、児童の立場に立ち、リフレクションを行える教師になってほしいという願いがあります。そこに気づくと教室の風景も変わり始めると考えるからです。

二〇一五年一〇月

上條　晴夫

めでたし
めでたし

著者紹介

上條晴夫（かみじょう　はるお）

1957年山梨県生まれ。山梨大学教育学部卒業。小学校教師・児童ノンフィクション作家を経て、教育ライターとなる。現在、東北福祉大学教授。著書に『図解よくわかる授業上達法』（学陽書房）、『さんま大先生に学ぶ―子どもは笑わせるに限る』（フジテレビ出版）、『子どものやる気と集中力を引き出す授業30のコツ』（学事出版）、編著書に『教師教育』（さくら社）などがある。

30分でわかる！
教師のための叱る技術

2015年11月18日　初版印刷
2015年11月25日　初版発行

著　者――――上條晴夫《かみじょうはるお》
発行者――――佐久間重嘉
発行所――――学陽書房
〒102-0072　東京都千代田区飯田橋1-9-3
営業部――――TEL 03-3261-1111／FAX 03-5211-3300
編集部――――TEL 03-3261-1112
振替口座　00170-4-84240

装丁／スタジオダンク　イラスト／岩田雅美
本文デザイン・DTP制作／株式会社 新後閑
印刷／図書印刷　製本／東京美術紙工

 ISBN 978-4-313-65298-9　C0037